梦 想 的 力 量

拼音版

成才必备的

科学之最小百科

KEXUE ZHIZUI XIAO BAIKE

芦 军 编著

安徽美术出版社

全国百佳图书出版单位

图书在版编目（CIP）数据

成才必备的科学之最小百科 / 芦军编著. —合肥：
安徽美术出版社，2014.6
（梦想的力量）
ISBN 978-7-5398-5053-5

Ⅰ.①成…　Ⅱ.①芦…　Ⅲ.①科学知识—少儿读物　Ⅳ.①Z228.1

中国版本图书馆CIP数据核字（2014）第106770号

出 版 人：武忠平　　　责任编辑：张婷婷

助理编辑：吴　丹　　　责任校对：方　芳　刘　欢

责任印制：徐海燕　　　版式设计：北京鑫骏图文设计有限公司

梦想的力量

成才必备的科学之最小百科

Mengxiang de Liliang　Chengcai Bibei de Kexue zhi Zui Xiao Baike

出版发行：安徽美术出版社（http://www.ahmscbs.com/）

地　　址：合肥市政务文化新区翡翠路1118号出版传媒广场14层

邮　　编：230071

经　　销：全国新华书店

营 销 部：0551-63533604（省内）0551-63533607（省外）

印　　刷：河北省廊坊市永清县晔盛亚胶印有限公司

开　　本：880mm×1230mm　1/16

印　　张：6

版　　次：2015年6月第1版　2015年6月第1次印刷

书　　号：ISBN 978-7-5398-5053-5

定　　价：24.00元

目录

梦 想 的 力 量

梦 想 的 力 量

dì yī bù diàn huà
第一部电话

　　100多年前，贝尔的名字和电话共同响遍了
全世界，正是贝尔首次发明了电话。

　　贝尔最初接触电学仪器时，怀着让聋哑人也
能听到世界奇妙声音的美好理想。一天他和助
手正在进行音响电报调试试验时，贝尔突然听
到一种微弱的弹簧震动声沿着导线从隔壁的
房间传来，他发现，弹簧震动声响的大小跟
电线上电流
的强弱有密切
关系，由此他
得到启发，设
想有种物质

电话机

能随声音变化而震动，并将电流翻译成人的语言沿着导线传播。这就是贝尔对电话的最初构思。

经过反复的试验和研究，贝尔终于在1876年制造出了人类第一台电话。虽然最初的电话体积庞大，使用不便，发话人必须在近距离内大喊大叫对方才听到声音，但这毕竟是人类第一部电话机，人类首次实现了"顺风耳"的梦想。后来的电话经过爱迪生等人的改进越来越轻便，声音也越来越清晰。

录音机构想
lù yīn jī gòu xiǎng

bèi ěr zhì zào chū diàn huà de dì èr nián ài dí shēng fā míng le liú shēng
贝尔制造出电话的第二年爱迪生发明了留声

jī shàn yú lián xiǎng de měi guó kē xué jiā shǐ mì sī gēn jù diàn cí gǎn yìng de
机，善于联想的美国科学家史密斯根据电磁感应的

yuán lǐ jiāng diàn huà hé liú shēng jī liǎng dà fā míng lián xì qǐ lai shǒu cì gòu
原理将电话和留声机两大发明联系起来，首次构

sī chū wǒ men jīn tiān de lù yīn jī
思出我们今天的录音机。

shǐ mì sī xiǎng de shì zài cí xìng dài shang jì lù shēng yīn de
史密斯想的是，在磁性带上记录声音的

xìn hào bìng cóng gāi cí dài shang qǔ chū xìn hào yě jiù shì yòng cí xìng
信号并从该磁带上取出信号，也就是用磁性

wù zhì lù yīn de
物质录音的

shè xiǎng
设想。

nián
１０年

hòu dān mài kē
后，丹麦科

xué jiā bō ěr xùn
学家波尔逊

lì yòng cí xìng
利用磁性

wù zhì néng lù
物质能录
yīn de yuán lǐ
音的原理
fā míng le shì
发明了世
jiè shang dì yī
界上第一
tái cí xìng lù
台磁性录
yīn jī jiǎng
音机。讲

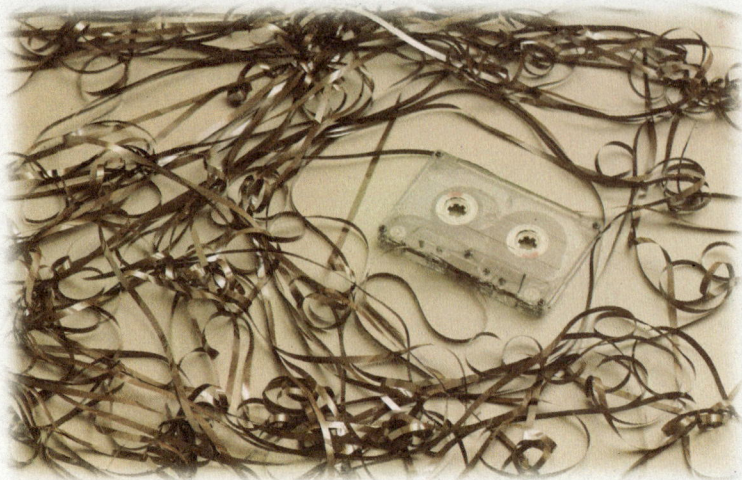

huà shí ràng diàn cí shí yán zhe gāng sī huá xíng jìn xíng lù yīn   fàng yīn shí
话时让电磁石沿着钢丝滑行进行录音；放音时
diàn cí shí yòu zuò wéi chóng fàng cí tóu zài zài cí gāng sī shang huá xíng
电磁石又作为重放磁头在载磁钢丝上滑行，
zhè shí hou yòng diàn huà jī tīng tǒng zuò wéi ěr jī jiù kě yǐ tīng dào gāng cái
这时候用电话机听筒作为耳机就可以听到刚才
de lù yīn le
的录音了。

jīn tiān de lù yīn jī pǐn zhǒng yuè lái yuè duō   xìng néng hé zhì liàng yě bù
今天的录音机品种越来越多，性能和质量也不
duàn de tí gāo   shuí néng xiǎng xiàng   diàn huà céng shì lù yīn jī de yuǎn fāng qīn
断地提高，谁能想象，电话曾是录音机的远方亲
qi ne
戚呢！

第一辆摩托车

摩托车的发明源于蒸汽机车。

19世纪中叶以后，蒸汽机车因时速慢且运动时烟雾弥漫而不被人们喜欢，德国人奥拓发明了以汽油为燃料的四冲程引擎，其助手戈特利伯·戴姆勒就产生了以汽油代替煤做推动力的想法。

经过反复的试验和研究，戴姆勒把奥拓固定式发动机变成移动式的发动

机，并最终成功研制出一种小型高效率的内燃机，他把内燃机安装到一台木制的两轮车上，这就是世界上第一台摩托车。1885年11月10日，戴姆勒的儿子保尔驾车从坎斯塔特到温特克海姆往返行驶了9.5千米，成为世界上第一位摩托车驾驶员。

这种车开始并没被人注意，在第一次世界大战前后由于其价格便宜，运行费用少而成了汽车强有力的竞争对手，并随着军警的广泛使用而名声大振。

dì yī tái jì suàn jī
第一台计算机

shì jiè shang dì yī tái jì suàn jī　　āi ní ā kè
世界上第一台计算机"埃尼阿克（ENIAC）"

jīng guò　　nián de yán jiū hòu　　yú　　　nián dàn shēng zài měi guó bīn xī
经过3年的研究后，于1946年诞生在美国宾夕

fǎ ní yà dà xué　　　　nián　yuè　　rì zài fèi chéng shì yùn xíng　tā
法尼亚大学。1946年2月14日在费城试运行。它

de jì suàn sù dù hěn kuài　měi miǎo kě cóng shì　　　cì de jiā fǎ yùn
的计算速度很快，每秒可从事5000次的加法运

suàn　　yùn zuò le　nián zhī jiǔ　　jù shuō xū yào　　duō míng gōng chéng
算，运作了9年之久。据说需要100多名工　程

师花费1年才能解决的问题，ENIAC只需两小时便能求出答案。

虽然ENIAC很能干，但它吃电也特别多，耗电为150千瓦/时，据传每次开机，整个费城西区的电灯都为之"黯然失色"。

这台计算机的造价高达48万美元，体积也相当庞大——占地170平方米，重达30吨，组成部件有18 800个电子管、70 000个电阻、10 000只电容器、1500只继电器。

在世界上第一台电子计算机问世50周年之际，1996年2月14日，美国副总统戈尔曾亲自启动了这台计算机，以纪念信息时代的到来。

最早的计算机病毒
zuì zǎo de jì suàn jī bìng dú

世界上第一个电脑病毒出现在1988年，由麻
shì jiè shang dì yī gè diàn nǎo bìng dú chū xiàn zài nián yóu má

省理工学院的学生Robert Tappan Morris撰写，
shěng lǐ gōng xué yuàn de xué sheng zhuàn xiě

因此病毒也被取名为Morris。该病毒仅99行 程
yīn cǐ bìng dú yě bèi qǔ míng wéi gāi bìng dú jǐn háng chéng

序代码，施放到当时的网络上数小时，就有数以
xù dài mǎ shī fàng dào dāng shí de wǎng luò shang shù xiǎo shí jiù yǒu shù yǐ

千计的UNIX服务器受到感染。但此软件原始用
qiān jì de fú wù qì shòu dào gǎn rǎn dàn cǐ ruǎn jiàn yuán shǐ yòng

意并非用
yì bìng fēi yòng

来攻击电
lái gōng jī diàn

脑，而是
nǎo ér shì

希望写出
xī wàng xiě chū

可以自我
kě yǐ zì wǒ

复制的软
fù zhì de ruǎn

件，但程
jiàn dàn chéng

式的循环没有处理好，使得服务器不断执行、复制
Morris，最后死机。

　　Morris 是第一个在网络上流传的病毒；程
序制作人 Morris 当时被判缓刑，处劳役，并罚款
1 万美元。

dì yī gè yuán zǐ fǎn yìng duī
第一个原子反应堆

dì èr cì shì jiè dà zhàn bào fā hòu　mù dǔ le xī tè lè de cán bào
第二次世界大战爆发后，目睹了希特勒的残暴

bìng shú xī dé guó zhì zào de wù lǐ xué jiā xī lā dé děng rén shuō fú ài yīn
并熟悉德国制造的物理学家西拉德等人说服爱因

sī tǎn xiě xìn gěi luó sī fú zǒng tǒng　jiàn yì měi guó wèi wéi hù shì jiè hé píng
斯坦写信给罗斯福总统，建议美国为维护世界和平

shǒu xiān zhì zào yuán zǐ dàn　hòu
首先制造原子弹，后

huò pī zhǔn bìng bèi mìng míng wéi
获批准并被命名为

màn hā dùn jì huà　yì dà
"曼哈顿计划"。意大

lì wù lǐ xué jiā ēn lǐ kē　fèi
利物理学家恩里科·费

mǐ bèi rèn mìng wéi màn hā dùn jì
米被任命为曼哈顿计

huà de zǒng zhǐ huī
划的总指挥。

zhī hòu měi guó zhī jiā gē
之后美国芝加哥

dà xué tǐ yù chǎng biān shang
大学体育场边上

de yī jiān fáng zi mén kǒu　jiù
的一间房子门口，就

梦 想 的 力 量

cháng qī guà zhe yī kuài　　yě jīn jì shù yán jiū suǒ　　de pái zi　pángbiān
长 期挂着一块"冶金技术研究所"的牌子，旁边

hái tiē yǒu yī zhāng yán jìn xuésheng chū rù de bù gào　shì shí shang zhè li
还贴有一张严禁学生出入的布告。事实上，这里

jiù shì měiguóyuán zǐ dàn yán jiū jī dì
就是美国原子弹研究基地。

zhè tiān　　yán jiū suǒ lǐ de gōng zuò rén yuán zhèng zài lǐ miàn qì yī
这天，研究所里的工作人员正在里面砌一

zuò qí tè de zhuān
座奇特的砖

zào　　tā men dāng
灶。他们当

zhōng yǒu yī wèi qiǎn
中有一位浅

hēi tóu fa de xiǎo gè
黑头发的小个

zi zhèng dài zhe tóng
子正带着同

bàn men jǐn zhāng de
伴们紧张地

gōng zuò　　tā men qì
工作，他们砌

le yī zuò　　céng gāo
了一座50层高

de zhuān zào　　qì zào
的砖灶，砌灶

de zhuān shì yòng shí
的砖是用石

mò zhì chéng de
墨制成的。

炉灶的上端插着一根金属棒，底部又安放了一
台"中子发生器"，炉灶外面有一部探测用的
"盖革计数器"，计数器正发出"咔、咔、咔"
的计时声。有一个人正专心地数着计数器的响
声，另两个人站在灶台上，手里提着两个 装
满东西的大桶神情紧张地注视着费米。费米
一边大声喊道："注意！现在开始！"一边立即
从炉灶里抽出那根金属棒，所有的人都目不 转

睛地望着那只计数器……不一会，人们开始欢呼："成功了！成功了！"费米郑重宣布："请记住，现在的时间是1942年12月2日下午3点30分。"这就是第一个原子核反应堆的试验过程。

　　原子核反应堆就是人工控制原子核裂变反应，使原子核裂变所释放的能量能为人类服务。第一个原子核反应堆的成功运行，为制造原子弹和和平利用原子能打开了大门。

诺贝尔奖之最

诺贝尔奖是全球当之无愧的最著名的学术大奖，共设物理奖、化学奖、医学或生理学奖、文学奖、和平奖和经济学奖6个奖项。

在诺贝尔奖100多年的历史中产生了许多鲜为人知的逸闻趣事。

第一个获得诺贝尔奖的科学家是发现X光射线的伦琴，获奖时间是1901年。

最年轻的诺贝尔奖获得者是威廉·劳伦斯·布拉格，他因为研究 X 射线的晶体结构于 1915 年获得物理学奖，获奖时他只有 25 岁。要知道，有好几位诺贝尔奖得主都是在 87 岁的高龄才获得这一殊荣。

科学家佛里斯 1919 年就发现了蜜蜂跳圆圈舞，1925 年发现蜜蜂跳摇尾舞，但是直到 1973 年他才为此获得诺贝尔奖，这是一项最姗姗来迟的诺贝尔奖。

爱因斯坦提出相对论多次被提名为物理学奖候选人，评审团均认为相对论应接受时间的考

验，致使爱因斯坦连年落选。直到1921年诺贝尔奖委员会才因爱因斯坦发现了光电效应而把诺贝尔物理学奖授予他。许多科学家认为，光电效应的科学意义无法和相对论相提并论，诺贝尔奖委员会选错了奖励项目，致使爱因斯坦成为最无奈的诺贝尔奖获得者。

获诺贝尔奖最多的是居里家族，居里夫人和丈夫曾共同获得诺贝尔物理奖，后来居里夫人又获得诺贝尔化学奖。20多年后，他们的长女和丈夫约里奥一起发现人工放射性物质共同获得诺贝尔化学奖。一个家庭有两对夫妇获得诺贝尔奖，其中一人还获奖两次，真可谓当之无愧的诺贝尔家庭。

化学史之最
huà xué shǐ zhī zuì

zuì xiān tí chū fèn zǐ gài niàn de shì ā fú gā dé luó
最先提出分子概念的是阿伏伽德罗。

zuì zǎo tí chū kē xué yuán zǐ lùn de huà xué jiā shì dào ěr dùn
最早提出科学原子论的化学家是道尔顿。

zuì zǎo fā xiàn diàn zǐ de rén shì kē xué jiā tāng mǔ xùn
最早发现电子的人是科学家汤姆逊。

zuì zǎo huò dé nuò bèi ěr huà xué jiǎng de shì fàn tè huò fū
最早获得诺贝尔化学奖的是范特霍夫。

fā xiàn huà xué yuán sù zuì duō de huà xué jiā shì dài wéi
发现化学元素最多的化学家是戴维。

最早把天平作为化学研究工具的是拉瓦锡。

最早提出元素周期律的是门捷列夫。

最早提出核原子模型的是卢瑟福。

最早提出电离理论的是阿伦尼乌斯。

最先破除无机物和有机物界限的是维勒。

最早发现并制得氧气的科学家有舍勒和普利斯特里。

最先发明联合制碱法的是侯德榜。

最早发现稀有气体的人是雷利和拉塞姆。

最早应用质量守恒定律的人是罗蒙诺索夫。

最理想的能源

氢是宇宙中最丰富的元素。地球表面约71%为水所覆盖，而氢除了在空气中之外，主要储存在水中。因此可以说，氢是取之不尽、用之不竭的。

燃烧1克氢，可释放16千焦热量，大约是航空汽油热值的3倍。氢是一种无污染的燃料，它燃烧后的产物是水蒸气，不像煤和石油那样，燃烧后会造成环

境污染。

氢作为能源用途广泛，除了可供普通飞机和地面交通工具使用以外，还可以利用管道输送到家庭作为做饭、取暖和空调的能源。氢在运输和储存方面都很方便，用管道输送损失小。根据测算，用管道保存和输送氢气的费用，还不到电力输配费的1/2。

因此，氢被称为最理想的能源。

wù lǐ zhī zuì
物理之最

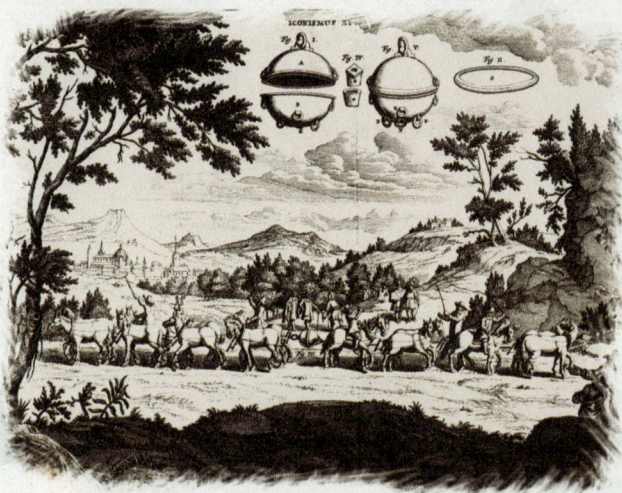

zuì zǎo de bì
最早的避

léi zhēn shì yóu měi guó
雷针是由美国

de fù lán kè lín fā
的富兰克林发

míng de
明的。

zuì zǎo de diàn
最早的电

huà shì zài   nián
话是在 1876 年

yóu měi guó de bèi ěr fā míng de
由美国的贝尔发明的。

zuì zǎo de fā diàn zhàn shì   nián yóu měi guó de ài dí shēng zài niǔ
最早的发电站是 1882 年由美国的爱迪生在纽

yuē suǒ chuàng jiàn de
约所创建的。

zuì zǎo fā xiàn tōng diàn dǎo tǐ zhōu wéi cún zài cí chǎng de kē xué jiā shì
最早发现通电导体周围存在磁场的科学家是

dān mài de ào sī tè
丹麦的奥斯特。

zuì zǎo fā xiàn diàn cí gǎn yìng de kē xué jiā shì yīng guó de fǎ lā dì
最早发现电磁感应的科学家是英国的法拉第。

最早用实验测定大气压值的科学家是意大利的托里拆利。

最早证明大气压存在的是1654年5月8日进行的马德堡半球实验。

最快的速度是光在真空中传播的速度：

$$C=3\times10^8 米/秒。$$

最早记录光直线传播知识的书是我国公元前4世纪的《墨经》。

最早记载"钻木取火术"的书是我国北齐刘昼的《刘子崇学》。

最早记载磁偏角的书是我国北宋沈括的《梦溪笔谈》。

最早关于磁屏蔽的现象记载于1695年我国清代初期刘献廷的《广阳杂记》。

金属之最

"轻骨头"——锂。锂每平方厘米只有0.543克，比水还轻得多，用它造一架飞机，两个人就能抬走了。

"耐热英雄"——钨。钨能耐受高温，它要超过3410摄氏度时才会熔化，所以它适合制作灯泡里的灯丝。

"硬汉子"——铬。它的硬度仅次于金刚石。在钢中加入12%的铬，就成为大名鼎鼎的不锈钢。

"拒腐蚀大王"——
铌。它既不会生锈，又
不怕酸碱腐蚀。所以，
它是制作化工用品的好
材料。

"导电能手"——
银。银是导电能力最
强的金属，一些精密仪
表常用银做导线。

"延展状元"——金。1克黄金，可以拉成
4000米长的细丝。黄金还可以捶成1/5毫米厚的
金箔，3500张这样的金箔叠起来，只有一张报纸
那么厚。

"数量冠军"——铝。铝是地壳中含量最多的
金属，比铁还多一倍。

"国防新秀"——钛。钛的熔点高，硬度和强度同钢差不多，重量只有钢的57%。钛合金是制造火箭、超音速飞机和潜艇的重要材料。

"重量之王"——锇。锇在地壳中的含量很少，它是最重的金属。它比水重21.7倍，比铁重2倍。

熔点最低的金属——汞。汞就是水银，它是金属。它在零下39摄氏度时就熔化了，我们平时一般看不到固体的汞。

yī xué zhī zuì
医学之最

shì jiè dì yī bù yàodiǎn　　　　xīn xiū běn cǎo
世界第一部药典——《新修本草》。

shì jiè shang dì yī bù fǎ yī xué zhuān zhù　　　　xǐ yuān jí lù
世界上第一部法医学专著——《洗冤集录》。

shì jiè shang zuì zǎo de tǐ cāo tú　　　　dǎo yǐn tú
世界上最早的体操图——《导引图》。

shì jiè shang zuì zǎo kāi bàn de guó jiā yào jú　　　　sòng dài de　guān yào
世界上最早开办的国家药局——宋代的"官药"。

shì jiè zuì zǎo de má zuì jì　　　　má fèi sàn
世界最早的麻醉剂——麻沸散。

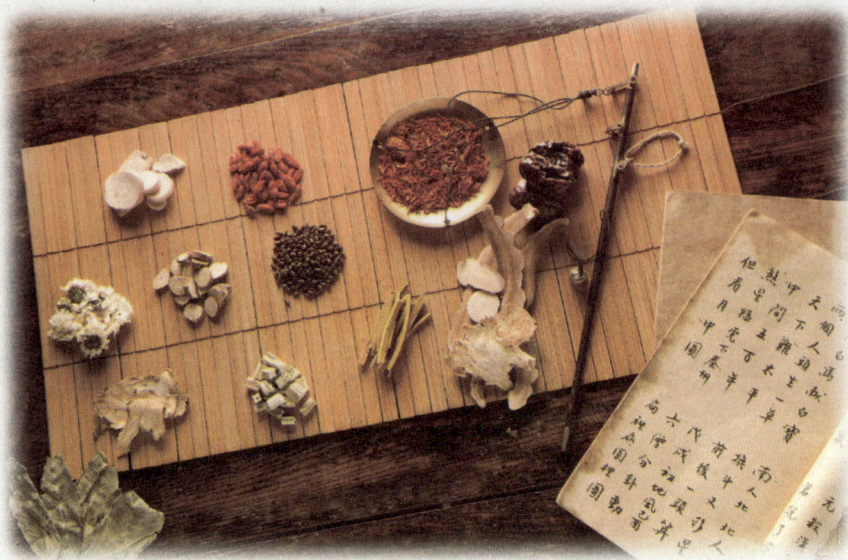

世界最早的医学校——唐"太医署"。

世界最早的针灸专书——《针灸甲乙经》。

世界最早的舌诊专著——《敖氏伤寒金镜录》。

我国第一部传染病专著——《瘟疫论》。

我国现存最早的医学理论性论著——《黄帝内经》。

我国最大的一部方书——《普济方》。

中国最早的病历是由汉代的淳于义首创。

最早由医生编成的体操——"五禽戏"。

圆周率之父

在月球的背面，有一座环形山，这座山的名字叫作"祖冲之环形山"，是用来纪念中国伟大的数学家、圆周率之父——祖冲之的。

祖冲之在1500多年前就确定了圆周率在3.1415926和3.1415927之间。西方人直到1000多年后，才有这样的认识。

圆周率之父祖冲之

$$\pi = \frac{426880\sqrt{10005}}{\sum \frac{(6n)!(545140134n+13591409)}{(n!)^3(3n)!(-640320)^{3n}}}$$

祖冲之还提出了圆周率的近似值为355/113，与圆周率的真值相差不到万分之一，称为密率，又叫祖率。

此外，祖冲之制造了计时的漏壶、指南车、水推磨、

qiān lǐ chuán děng jī xiè shè zhì　　tā hái dì yī cì tí chū tài yáng zài tiān qiú shang
千里船 等机械设置。他还第一次提出太阳在天球 上

lián xù liǎng cì tōng guò chūn fēn diǎn suǒ xū de jiàn gé tiān shù　　tā dé chū de shù zhí
连续两次通过春分点所需的间隔天数。他得出的数值

yǔ jìn dài cè liáng jié guǒ fēi cháng jiē jìn
365.2428148 与近代测量结果非 常 接近。

bù jǐn rú cǐ　　zǔ chōng zhī hái biān zhì chū　　dà míng lì　　　tā bǎ
不仅如此，祖冲之还编制出《大明历》。他把

guò qù lì fǎ zhōng měi　　nián shè　　gè rùn yuè gǎi wéi　　　nián shè　　　gè
过去历法中每19年设7个闰月改为391年设144个

rùn yuè　　shǐ měi　　　nián yī tiān de wù chā gǎi jìn wéi měi　　　nián cái yǒu
闰月，使每220年一天的误差改进为每1739年才有

yī tiān wù chā
一天误差。

shì jì zuì wěi dà de kē xué jiā
20世纪最伟大的科学家

ài yīn sī tǎn shì　　shì jì
爱因斯坦是20世纪

zuì wěi dà de kē xué jiā
最伟大的科学家。

xǔ duō rén yī tí dào ài yīn
许多人一提到爱因

sī tǎn jiù xiǎng qǐ xiāng duì lùn
斯坦就想起相对论，

xiāng duì lùn shì ài yīn sī tǎn zuì zhǔ
相对论是爱因斯坦最主

yào de gòngxiàn　　dàn tā duì rén lèi
要的贡献，但他对人类

de gòngxiàn bù zhǐ yú cǐ　　　tā zài
的贡献不止于此，他在

liàng zǐ lì xué fāng miàn yě wèi wù
量子力学方面也为物

lǐ shǐ zuò chū le jù dà gòngxiàn　　bìng yīn cǐ huò dé　　　　nián nuò bèi ěr wù
理史作出了巨大贡献，并因此获得1921年诺贝尔物

lǐ xué jiǎng　　tā zài guāng liàng zǐ lǐ lùn jī chǔ shang dǎo chū le guāng huà xué
理学奖。他在光量子理论基础上导出了光化学

dìng lǜ　　tí chū le zì jī fú shè hé shòu jī fú shè lǐ lùn　　wèi jī guāng de
定律，提出了自激辐射和受激辐射理论，为激光的

chū xiàn diàn dìng le lǐ lùn jī chǔ　　dǎo chū le bō sè　　ài yīn sī tǎn tǒng jì
出现奠定了理论基础，导出了波色－爱因斯坦统计

公式，建立了布朗运动的统计理论，用相对论解释宇宙，开创了宇宙学新纪元，大爆炸理论就建立在场方程基础上。从1925年开始到临终前一天的30年时间里，爱因斯坦一直致力于统一场论，统一场的思想一直影响至今，导致了弱电统一的诞生，大统一理论也是在此思想下建立的。

爱因斯坦热爱科学，也热爱人类，他时刻关注

着全人类的命运。德国的科学界和文化界在军国主义分子的操纵和煽动下，发表了"文明世界的宣言"，

为德国发动侵略战争辩护，当时德国有声望的科学家、艺术家都为该宣言签字，甚至伦琴、奥斯特瓦尔德、普朗克等都不能免俗，爱因斯坦却毅然在反战的《告欧洲人书》上签上自己的名字。当美国在广岛、长崎投下原子弹，杀伤许多平民时，爱因斯坦感到非常痛心。他后来写了一封告美国公民书，说明科学的力量是用来为人类谋福而不是带来伤害，并与罗素联名发表了反对核战争和呼吁世界和平的《罗素－爱因斯坦宣言》。

中国科学史上最卓越的人
zhōng guó kē xué shǐ shang zuì zhuó yuè de rén

沈括

英国剑桥大学教授李约瑟在他的《中国科学技术史》一书中认为："沈括可算是中国整部科学史中最卓越的人物。"

沈括，北宋杭州人氏，中国历史上著名的政治家、科学家，因著作《梦溪笔谈》而在世界科学史上流芳百世。

沈括的科学成就是多方面的，他不仅精通天文、数学、物理学、化学、生物学、地理学、

农学和医学，还是卓越的工程师、出色的军事家、外交家和政治家，对方志律历、音乐、卜算等也无所不精。他精研天文，提倡的新历法与今天的阳历相似。在物理学方面，他记录了指南针原理及多种制作法；发现了地磁偏角的存在，比欧洲早了400多年；阐述了凹面镜成像的原理；还对共振等规律加以研究。在数学方面，他创立了二阶等差级数的求和法以及已知圆的直径和弓形的高，求弓形的弦和弧长的方法。日本数学家三上义夫在《中国算学之

[宋]沈括 著

梦溪笔谈

特色》中对沈括有这样的评价："日本的数学家没有一个比得上沈括。"

在地质学方面，沈括对冲积平原的形成、水的侵蚀作用等都有研究，并首先提出石油的命名。医学方面，他对于有效的方药多有记录，并有多部医学著作。此外，他对当时科学发展和生产技术的情况，如毕昇发明活字版印刷术、金属冶炼的方法等，皆详细记录。沈括可说是一个科学通才。

沈括晚年所著的《梦溪笔谈》详细记载了

劳动人民在科学技术方面的卓越贡献和他自己的研究成果，反映了我国古代特别是北宋时期自然科学取得的辉煌成就。《梦溪笔谈》不仅是我国古代的学术宝库，而且在世界文化史上也有重要的地位，被誉为"中国科学史上的坐标"。

第一个女宇航员

世界上第一位女宇航员是前苏联的B.B.捷列什科娃少尉。

1963年6月16日格林尼治时间9时30分，捷列什科娃乘坐"东方6号"宇宙飞船在拜克努尔宇宙飞行场起飞，从而成为进入宇宙空间的第一位妇女。1963年6月19日8时16分，她平安地在卡拉干达东北620千米的地

第一个女宇航员：捷列什科娃少尉

方着陆，总共飞行了70小时46分钟，环绕地球飞行48圈。

捷列什科娃的飞行任务不仅要考察飞船的操纵系统，更重要的要研究宇宙飞行条件下妇女生理的变化。据报道，捷列什科娃返回地面以后各方面情况良好，后来还孕育了一个女儿。

爱迪生的第一项专利

爱迪生是美国著名的科学家，他在漫长的发明生涯中，先后试制出电灯、留声机等数以千计的适用于人民大众需要的新产品。在他的一生中，共获得了1180项专利，因而被誉为"发明大王"。

21岁时，爱迪生在美国波士顿公司当报务员。他在抄录新闻电稿时，发现议会每通过一项决议案总要唱票、点票、反复

hé duì　　làng fèi dà liàng
核对，浪费大量
shí jiān　　yú shì　tā
时间。于是，他
lì yòng yè yú shí jiān fǎn
利用业余时间反
fù yán jiū　　shì yàn
复研究、试验，
zhōng yú fā míng le tóu
终于发明了投
piào jì lù jī
票记录机。

niándōng　ài
1867年冬，爱
dí shēng xiàng měi guó zhuān
迪生向美国专
lì jú dì jiāo le zhuān lì
利局递交了专利
shēn qǐng　　dì èr nián
申请。第二年10

爱迪生第一项发明：投票计数器

yuè de yī tiān　　tā huái zhe zhuì zhuì bù ān de xīn qíng chāi kāi le zhuān lì jú
月的一天，他怀着惴惴不安的心情拆开了专利局
de huí xìn　xìn shang shuō　tā de zhuān lì shēn qǐng jīng shěn chá hé gé　zhǔn
的回信。信上说，他的专利申请经审查合格，准
yǔ dēng jì　dēng jì hào wéi　　　dēng jì rì qī shì　　nián　yuè
予登记，登记号为90646，登记日期是1868年10月
rì　zhè jiù shì ài dí shēng suǒ huò dé de dì yī xiàng zhuān lì
11日，这就是爱迪生所获得的第一项专利。

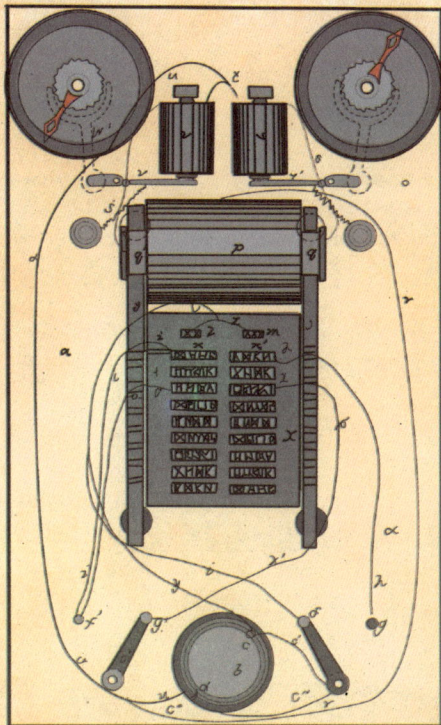

趣话高压锅

现在不少家庭里都使用高压锅，它与普通锅相比最大的优势就是烧东西时间短、味道好、易烧烂。

第一个高压锅为帕平所创造，所以又称"帕平锅"。帕平既是位物理学家，又是一位机械工程师。他在研究中发现：气压的高低与水的沸点的高低成正比例。于是他设计并制作了一个密封的容器，装入

水加热，随着水温的升高，容器里压力越来越大，水的沸点也升高了，要超过100摄氏度水才开，食物也就熟得快了。这就是帕平制造的第一只高压锅。一个英国的贵族得知帕平有这样一个"宝锅"，就邀请有名的贵族、士绅，举行了一个取名为"加压大餐"的宴会，大家食后啧啧称赞。

国王查尔斯二世得讯，特地请帕平为他制造一只高压锅。帕平考虑到使用高压锅的安全问题，就给锅体加了一个金属保险罩，并且加重锅盖，使其能紧紧扣在锅上。这也是我们今天用的高压锅的雏形。

最早的无线电通讯

自从发现电和磁的关系后，科学家就一直在为研制出一台实现二者交流的机器而努力。直到半个多世纪后的1895年5月7日，俄国物理学家亚历山大·斯捷潘诺维奇·波波夫才第一次公开演示了他所发明的称之为"雷电指示器"的无线电接收机。

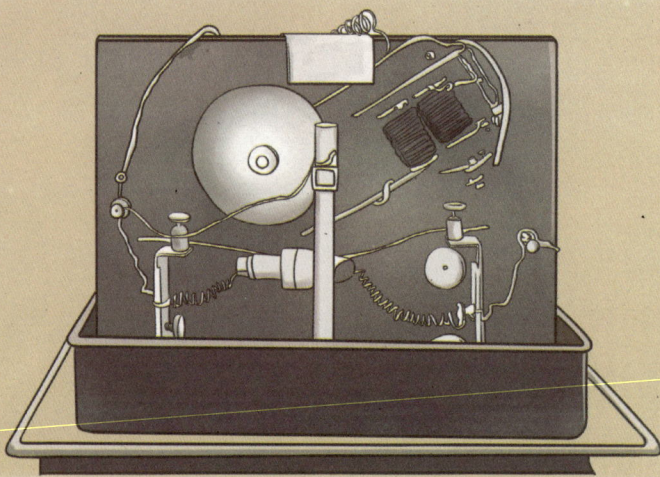

波波夫发明的这架最早的无线电通信机是利

用火花放电来产生高频电磁振荡的，尽管它存在着不能在很宽的频带范围内产

生电磁振荡、发送的信号十分简单等缺点，但它却开创了无线电技术的新时代，其意义是非常深远的。这种无线电接收机一直沿用到本世纪20年代以前，直到采用电子管后才被取代。

当今科学的六大悬案
dāng jīn kē xué de liù dà xuán àn

第一悬案：宇宙中，除我们居住的地球外，还有没有生命的存在。

第二悬案：1986年初，美国与加拿大的科学家证明了银河系的大麦哲伦星系中有一个"黑洞"，质量为太阳系的8～12倍。但它到底是不是黑洞，还有待找出直接证据。

第三悬案：1916年，

爱因斯坦从理论上证明，引力是一种波动过

程，称为引力波。1978年，科学家间接证明了引力波的存在，但直接检测引力波仍然是实验物理学留下的一个课题。

第四悬案：18世纪，德国天文学家波德预言太阳系里可能存在第十颗行星，这颗行星在冥王星外侧。1977年，帕诺玛天文台的考瓦耳发现了一颗低速移动的新天体，这是不是第十颗行星，有待观察。

第五悬案：德国科学家用人工方法制成第

107号和第109号元素。到目前为止，还没有发现第110号及其后的元素。理论证明，修改后的元素周期表可以适合到164号元素，但要继续发现新元素还是很困难的。

第六悬案：19世纪英国科学家赫胥黎证明，人类不能由猿直接进化而来，中间应该还有一个环节。关于这个环节，日本人类学家认为是"类猿人"，但这一点有待证实。

航天史传奇

dì yī kē rén zào wèi xīng　　qián sū lián yú　　　　　nián
1. 第一颗人造卫星：前苏联于 1 9 5 7 年 1 0

yuè　　rì fā shè de　　wèi xīng　hào　rén zào dì qiú wèi xīng　shì shì jiè
月 4 日发射的"卫星 1 号"人造地球卫星，是世界

shang dì yī kē zài dì qiú guǐ dào yùn xíng de rén zào wèi xīng
上第一颗在地球轨道运行的人造卫星。

dì yī sōu zài rén yǔ zhòu fēi chuán　　qián sū lián yú
2. 第一艘载人宇宙飞船：前苏联于 1 9 6 1

nián　　yuè　　　　rì fā shè de　　dōng fāng hóng　　yǔ zhòu fēi chuán　shì shì
年4月12日发射的"东方红"宇宙飞船，是世

jiè shang dì yī sōu rào dì qiú guǐ dào fēi xíng de zài rén fēi chuán
界上第一艘绕地球轨道飞行的载人飞船。

dì yī wèi dēng shàng tài kōng de rén　　qián sū lián zhù míng yǔ háng
3.第一位登上太空的人：前苏联著名宇航

yuán jiā jiā lín
员加加林。

dì yī sōu dēng shàng yuè qiú de zài rén fēi chuán　　　　nián
4.第一艘登上月球的载人飞船：1969年7

yuè　　rì　měi guó de　　ā bō luó　　hào dēng shàng yuè qiú chéng wéi
月20日，美国的"阿波罗11号"登上月球，成为

shì jiè shang dì yī sōu zài yuè qiú shang zhuó lù de zài rén fēi chuán
世界上第一艘在月球上着陆的载人飞船。

5. 第一个登月的人：美国的艾德林·康世朗林斯。

6. 第一个太空站：前苏联1971年4月发射的"礼炮1号"太空站，是世界上第一个太空站，它接纳了3名宇航员。

7. 第一架可重复使用的航天飞机：美国第一架可重复使用的航天飞机于1981年4月12日飞向地球轨道，绕地球飞行36圈，历时54小时20分钟。

8. 第一个在太空行走的男宇航员：美国46岁的宇航员布鲁斯·麦坎德利斯，于1984年2月7日，在不系安全带的情况下走出机舱，成为世界上第一个在太空行走的男宇航员。

9. 第一个在舱外太空作业的女宇航员：前苏联的斯韦特兰娜·萨维茨卡娅，于1984年7月25日走出正在太空运行的前苏联"礼炮7号"太空

站，成为世界上第一个完成舱外太空作业的女宇
航员。

10.第一次完成两个太空站之间的联络飞行：
前苏联"联盟T-15号"，于1986年3月12日
完成与"和平号"太空站相接后，于5月5日飞
离"和平号"太空站与300千米外的"礼炮7号"，
太空站对接成功，第一次完成了两个太空
站之间的联络飞行。

最大的自动望远镜

世界上最大的自动望远镜是一台口径2米的光学望远镜，可以在没有人参与情况下进行观察。

这台望远镜建在加那利群岛大加那利岛上的拉斯帕尔马斯市，由英国利物浦大学天体物理研究所的的乔治·穆尔博士与英国 Telescope Technologies 公司

的专家共同设计研制。该自动望远镜观察天空

的工作根据来自英国的指令进行，参与自动望远

镜研制的利物浦大学天体物理研究所的工作人员在

3500千米之外对它进行控制。天文学家指出，这台

遥控光学望远镜将专门用来研究超新星和宇

宙中的伽马射线源。

最大的中学生移动生物实验室

成本达40万美元的"移动生物科学实验室"是世界上最新最大、专供中学生做生物科学实验的移动实验室。

美国4个州联合研发的"移动生物科学实验室"装在一辆旅行车内，可开到各中学，每次停留一周，一次最多可让30名学生上车做生物实验。

实验室每年可容纳几百名教师接受生物实验培训，2万名中学生做实验，使学生

和教师
都能跟
上科学
发展的
步伐。

该移

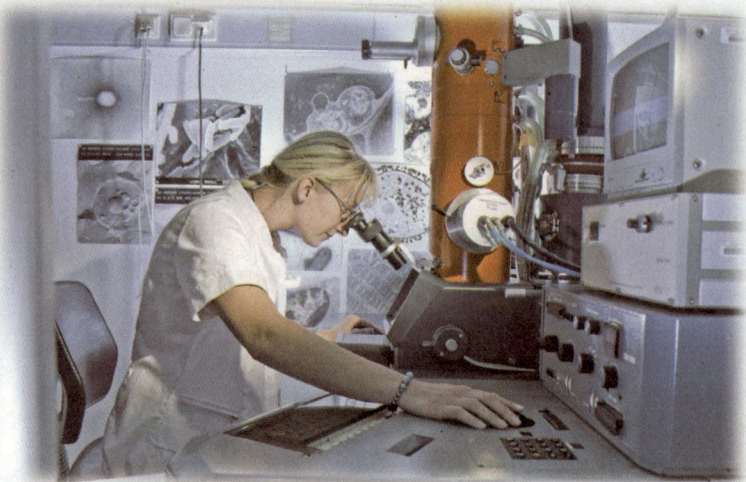

动实验室的设备由国立卫生研究院和Fisher科学公司等10家公司免费提供。在联邦机构资助下，美国准备将这类试验室增加到100辆。

rǎn liào de fā míng染料的发明

yán sè gěi shì jiè zēng tiān le zì rán mèi lì
颜色给世界增添了自然魅力，rǎn liào gěi shēng huó dài染料给生活带

lái le rén gōng sè cǎi
来了人工色彩。

nián yīng guó dà èr xué sheng pān qín dé dào lǎo shī huò fū màn de
1855 年，英国大二学生潘琴得到老师霍夫曼的

rèn kě hòu jué dìng lì yòng shǔ jià de shí jiān zuò xiē yǒu guān jīn jī nà shuāng
认可后，决定利用暑假的时间做些有关金鸡纳　霜

的研究。他准备了各种实验器具，开始一次次做实验。暑假快过完了，实验没有一点进展，潘琴心急如焚。

一次，潘琴把从煤焦油中提炼出来的苯胺，加进重铬酸钾中做实验。按照实验的要求，他又失败了。他无奈地摇了摇试管，失望地准备把试管里的物质扔掉。忽然，他发现试管底部有一些黑色

的沉淀物。"这会是什么呢？管他呢，先研究研究吧。"当他把黑色物质放在酒精中溶解时，奇迹发生了：它在酒精中变成了紫色。"好美丽的颜色啊！把这种颜色染到衣服上，一定很漂亮。"他拿过来一条素白色的围巾，把颜料染上后，就挂在绳子上。风干后，不管怎么洗刷、风吹日晒，围巾紫色依旧。潘琴把染过色的围巾拿给霍夫曼看，老师夸奖道："这是一件伟大的发明！"

1856年8月26日，潘琴获得了英国政府的专利，后来又和哥哥一起创办了世界上第一个合成染料厂。

第一个到太空探险的人

dì yī gè dào tài kōng tàn xiǎn de rén

shì jiè shang dì yī gè tài kōng tàn xiǎn zhě　shì qián sū lián de yǔ háng
世界上第一个太空探险者，是前苏联的宇航

yuán yóu lǐ　jiā jiā lín　tā shì dì yī gè jìn rù tài kōng de rén lèi shǐ
员尤里·加加林。他是第一个进入太空的人类使

zhě　shí xiàn le rén lèi fēi xiàng yǔ zhòu de yuànwàng
者，实现了人类飞向宇宙的愿望。

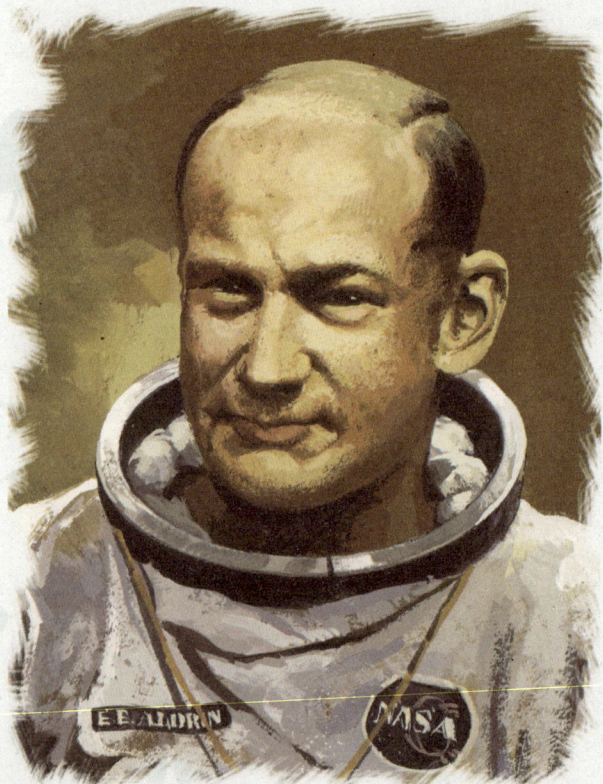

1961 年 4 月 21

nián　　yuè

rì qīng chén　zài qián sū lián
日清晨，在前苏联

zhōng bù de bài kē nǔ ěr yǔ
中部的拜科努尔宇

háng zhōng xīn　jiā jiā lín
航中心，加加林

huái zhe jī dòng de xīn qíng
怀着激动的心情，

dēng shàng le　dōng fāng
登上了"东方 1

hào　fēi chuán shàng wǔ
号"飞船。上午 9

diǎn líng　fēn　fēi chuán
点零 7 分，飞船

qǐ fēi le　zài fēi chuán dá
起飞了。在飞船达

60

到最高速度时，加加林已经适应了失重的环境。他在飞船里吃着食物，观察舱内的仪表，认真地做记录并拍照。次日0点25分，飞船在北非上空进入大气层的时候，加加林把机械舱甩掉，使它坠入大海，剩下生活舱用高速降落。在距离地面7700米时，加加林和他的坐椅一起被弹射出来，3顶彩色降

落伞慢慢张开。当下降到4400米的时候，加加林脱离坐椅，慢慢地飘落到地面上。

加加林的升空，揭开了人类征服月球、征服宇宙的新纪元。如今，太空探险越来越成为令全世界瞩目的头等大事，加加林的名字将永远记载在人类征服宇宙的史册上。

最·小·的硬盘
zuì xiǎo de yìng pán

rì běn dōng zhī gōng sī kāi fā chū de yīng cùn de yìng pán shì shì
日本东芝公司开发出的 0.85 英寸的硬盘，是世

jiè shang zuì xiǎo de yìngpán
界上最小的硬盘。

dōng zhī gōng sī kāi fā de zhè kuǎn yìng pán cháng háo mǐ gāo
东芝公司开发的这款硬盘长 32 毫米，高 24

háo mǐ hòu háo mǐ zhǐ yǒu yìng bì dà xiǎo zhòng liàng bù zú
毫米，厚 3~5 毫米，只有硬币大小，重量不足 10

kè qí cún chǔ róng liàng zàn dìng wéi kě gēn jù xū yào jìn yī
克。其存储容量暂定为 2~4GB，可根据需要进一

bù zēng dà　　zhè zhǒng yìng pán shì hé zài biàn xié shì tōng xìn qì cái zhōng shǐ
步增大。这种硬盘适合在便携式通信器材中使

yòng　kě fāng biàn de bǎo cún yīn yuè　tú xiàng děng shù jù　jīn hòu jiāng zài
用，可方便地保存音乐、图像等数据。今后将在

shù mǎ yīn xiàng bō fàng qì　shù mǎ shè xiàng jī　　shǒu jī děng biàn
数码音像播放器、数码摄像机、PDA、手机等便

xié shè bèi zhōng yǒu guǎng fàn yìng yòng jià zhí
携设备中有广泛应用价值。

最先进的战斗机

美国 F-22 "猛禽" 战斗机是目前世界上最先进的战斗机，由洛克希德·马丁航空系统公司和洛克希德·巴西上沃思堡公司以及波音公司于 20 世纪 90 年代末联合研制。其耗资约 133 亿美元，相当

于欧洲战斗机公司耗资的两倍。F-22的内舱能够运载多枚不同的空对空导弹：包括雷达制导空中截击导弹120C、中程空对空导弹AMRAAMS、较长鳍的空中截击导弹120A和热跟踪短程AIM-9M空对空响尾蛇导弹。它的内舱还配有M61A220毫米机关枪，这是M61加特林式机枪的改进型。F-22机身长18.9米，翼展13.4米。

最小的轻便录像机
zuì xiǎo de qīngbiàn lù xiàng jī

由索尼生产的 CCD-CR1 Ruvi 是目前世界上最小的录像机，体积仅为 12.5 厘米×6.7 厘米×4.4 厘米，它可以储存 30 分钟的移动画面。录像机有一个 6.35 平方厘米的 LCD 屏幕和一个光学变焦镜头。录像带与录音机播放磁头一起封闭在一个塑料暗盒里，每换一个暗盒，磁头就要插进或退出。

最周到的抽水马桶

日本东陶公司于1997年5月首次出售的小洗神ZO马桶世界上服务最周到的抽水马桶。它有一个坐椅、一个可以自动打开的盖子及"冲水模拟效果",可以掩盖任何令人尴尬的声音。坐椅的温度可以调节、马桶可以为使用者进行冲洗并烘干。整个装置可以遥控,并且每次使用后它可以自动使空气恢复清新。它的零售价是699美元。该公司开发的另一种马桶可以验尿、测血压,并能通过嵌在里面的调制解调器把资料输送给大夫。

最高的热气球上升记录

英国探险家戴维·亨普勒曼-亚当斯乘热气球飞行到离地面1.28万米的高空，打破了载人热气球飞行高度的世界纪录，成为目前载人热气球上升高度最高的保持着。

hēng pǔ lè màn yà dāng sī chéng rè qì qiú cóng měi guó kē luó lā duō
亨普勒曼－亚当斯乘热气球从美国科罗拉多

zhōu de yī gè nóng chǎng de cǎo píng shang qǐ fēi shàng shēng dào gāo kōng
州的一个农场的草坪上起飞，上升到高空1.28

wàn mǐ chù zuì hòu jiàng luò zài ā kè lún chéng de yī gè xiǎo zhèn fù jìn
万米处。最后降落在阿克伦城的一个小镇附近。

hēng pǔ lè màn yà dāng sī zài fēi xíng chéng gōng hòu shuō zhè ge gāo dù
亨普勒曼－亚当斯在飞行成功后说："这个高度

yǐ jīng dá dào le fēi jī fēi xíng de gāo dù nà lǐ de wēn dù dá dào le líng
已经达到了飞机飞行的高度，那里的温度达到了零

xià shè shì dù wǒ gǎn dào fēi cháng lěng
下75摄氏度，我感到非常冷。"

最富吸收性的物质

zuì fù xī shōuxìng de wù zhì

美国农业 měi guó nóng yè
研究和服务部于 yán jiū hé fú wù bù yú
1974 年 8 月 18 日 nián yuè rì
宣布：一种超 xuān bù yī zhǒng chāo
级吸收物与铁一 jí xī shōu wù yǔ tiě yī

起处理后在水中可吸收比自身重130倍的重量。

该物质中淀粉提取物占50%，丙烯氨化物和丙烯酸

各占25%。该物质具有保持均衡温度的能力，可作

为重复性冰袋使用，这一点在美国密歇根州底特

律市的一次比赛中可以得到证实：该物质甚至可

以降低棒球的"体温"。

第一块防震玻璃

科学上很多发明并不是科学家有意为之的，防震玻璃的出现就纯属偶然。

1907年，法国化学家贝奈第特斯在实验室里不小心把一化学药瓶碰倒摔到地上，当他拾起药瓶时发现，瓶子只是出现很多裂纹，并非他想象的粉

身碎骨。贝奈第特斯觉得奇怪，因为是个空药瓶，他只是留意了下瓶子上的药品标签也没作他想。

过了几天贝奈第特斯看到报纸报道说，因为频频的交通事故，车窗玻璃扎伤很多乘客，他突然想到那个没有摔碎的药瓶，赶紧回到实验室查个究竟。

原来，是药瓶里的化学药品经蒸发后在瓶子内壁上留下了一层坚韧而透明的薄膜，这层薄膜结结实实地粘在瓶子上，所以瓶子掉下后只震出了裂纹而没有破碎，更不会造成玻璃碎片四处飞散。

贝奈第特斯恍然大悟，他连夜配置药品进行了很多次实验，终于合成了一种坚韧而透明的薄膜，制造出了世界上第一块防震玻璃。

梦 想 的 力 量

<ruby>第<rt>dì</rt></ruby> <ruby>一<rt>yī</rt></ruby> <ruby>次<rt>cì</rt></ruby> <ruby>人<rt>rén</rt></ruby> <ruby>工<rt>gōng</rt></ruby> <ruby>合<rt>hé</rt></ruby> <ruby>成<rt>chéng</rt></ruby> <ruby>蛋<rt>dàn</rt></ruby> <ruby>白<rt>bái</rt></ruby> <ruby>质<rt>zhì</rt></ruby>

1965<ruby>年<rt>nián</rt></ruby> 9<ruby>月<rt>yuè</rt></ruby> 17<ruby>日<rt>rì</rt></ruby>，<ruby>世<rt>shì</rt></ruby><ruby>界<rt>jiè</rt></ruby><ruby>永<rt>yǒng</rt></ruby><ruby>远<rt>yuǎn</rt></ruby><ruby>记<rt>jì</rt></ruby><ruby>得<rt>de</rt></ruby><ruby>这<rt>zhè</rt></ruby><ruby>个<rt>ge</rt></ruby><ruby>日<rt>rì</rt></ruby><ruby>子<rt>zi</rt></ruby>，<ruby>就<rt>jiù</rt></ruby><ruby>是<rt>shì</rt></ruby><ruby>这<rt>zhè</rt></ruby><ruby>一<rt>yī</rt></ruby><ruby>天<rt>tiān</rt></ruby>，<ruby>中<rt>zhōng</rt></ruby><ruby>国<rt>guó</rt></ruby><ruby>传<rt>chuán</rt></ruby><ruby>来<rt>lái</rt></ruby><ruby>人<rt>rén</rt></ruby><ruby>工<rt>gōng</rt></ruby><ruby>合<rt>hé</rt></ruby><ruby>成<rt>chéng</rt></ruby><ruby>胰<rt>yí</rt></ruby><ruby>岛<rt>dǎo</rt></ruby><ruby>素<rt>sù</rt></ruby><ruby>成<rt>chéng</rt></ruby><ruby>功<rt>gōng</rt></ruby><ruby>的<rt>de</rt></ruby><ruby>消<rt>xiāo</rt></ruby><ruby>息<rt>xi</rt></ruby>，<ruby>这<rt>zhè</rt></ruby><ruby>是<rt>shì</rt></ruby><ruby>人<rt>rén</rt></ruby><ruby>类<rt>lèi</rt></ruby><ruby>历<rt>lì</rt></ruby><ruby>史<rt>shǐ</rt></ruby><ruby>上<rt>shang</rt></ruby><ruby>首<rt>shǒu</rt></ruby><ruby>次<rt>cì</rt></ruby><ruby>人<rt>rén</rt></ruby><ruby>工<rt>gōng</rt></ruby><ruby>合<rt>hé</rt></ruby><ruby>成<rt>chéng</rt></ruby><ruby>结<rt>jié</rt></ruby><ruby>晶<rt>jīng</rt></ruby><ruby>牛<rt>niú</rt></ruby><ruby>胰<rt>yí</rt></ruby><ruby>岛<rt>dǎo</rt></ruby><ruby>素<rt>sù</rt></ruby>、<ruby>首<rt>shǒu</rt></ruby><ruby>次<rt>cì</rt></ruby><ruby>人<rt>rén</rt></ruby><ruby>工<rt>gōng</rt></ruby><ruby>合<rt>hé</rt></ruby><ruby>成<rt>chéng</rt></ruby><ruby>蛋<rt>dàn</rt></ruby><ruby>白<rt>bái</rt></ruby><ruby>质<rt>zhì</rt></ruby>。

<ruby>胰<rt>yí</rt></ruby><ruby>岛<rt>dǎo</rt></ruby><ruby>素<rt>sù</rt></ruby><ruby>是<rt>shì</rt></ruby><ruby>人<rt>rén</rt></ruby><ruby>和<rt>hé</rt></ruby><ruby>动<rt>dòng</rt></ruby><ruby>物<rt>wù</rt></ruby><ruby>胰<rt>yí</rt></ruby><ruby>脏<rt>zāng</rt></ruby><ruby>里<rt>li</rt></ruby><ruby>一<rt>yī</rt></ruby><ruby>种<rt>zhǒng</rt></ruby><ruby>岛<rt>dǎo</rt></ruby><ruby>形<rt>xíng</rt></ruby><ruby>细<rt>xì</rt></ruby><ruby>胞<rt>bāo</rt></ruby><ruby>群<rt>qún</rt></ruby><ruby>分<rt>fēn</rt></ruby>

泌出来的激素，它能促进人体碳水化合物的新陈代谢，并能控制血液中糖的含量。如果人体缺少胰岛素，血液的含糖量就要增加，大量的糖分就要从尿中排出，人便容易得糖尿病。

人工合成胰岛素不仅对糖尿病人有很重要的意义，而且对于科学界来说，这也是人类首次人工合成蛋白质，标志着人类在认识生命，揭示生命奥秘的伟大历程中迈出了关键性的一步，是人类基因工程的前奏。

中国最大的卫星发射基地

酒泉卫星发射中心是科学卫星、技术试验卫星和运载火箭的发射试验基地之一，是中国创建最早、规模最大的综合型导弹、卫星发射中心，也是中国唯一的载人航天发射场。

酒泉卫星发射中心始建于1958年10月，位于中国西北部甘肃省酒泉市东北地区，海拔1000米，占地

面积约 2800 平方千米。该地区地势平坦，人烟稀少，属内陆及沙漠性气候，年平均气温 8.7℃，相对湿度为 35%～55%，常年干燥少雨。春秋两季较短，冬夏两季较长，一年四季多晴天，云量小，日照时间长。虽然生活环境艰苦，但可为航天发射提供良好的自然环境条件，每年约有 300 天可进行发射试验。

最古老的天文钟
zuì gǔ lǎo de tiān wén zhōng

世界上最古老的天文钟诞生在中国。

北宋哲宗时，吏部尚书兼侍读学士苏颂和吏部会史韩公廉等人在开封研制成一种大型仪器设备"水运仪象台"，能用多种形式观测天体的运行。欧洲人把这种仪器称为"天文钟"，这是中国最早的"天文钟"，后世的钟表也是从这里演变出来的。

最古老

它高约12米，宽7米，分作3层。上层放浑仪，用来观测日月星辰的位置；为了观

测方便，上面覆盖了9块活动屋板，作用和现代天文台可以开合的球形台顶相同，堪称现代天文台圆顶的鼻祖。

中层放浑象，这是一个球体，在球面布列天体的星宿位圈，不仅形象地演示了天象的变化，也是现代天文台的跟踪机械——转仪钟的祖先。下层设木阁，又成5层。每层有门，到一定时刻，门中有木人出来报时。木阁后面装置漏壶和机械系统，起到控制水轮运转速度的作用，使水轮只能间歇运转，而转速由漏壶的流量决定。这就相当于今天钟表机械中的关键部件——一组使机轮运转变慢、控制速度恒定的锚状擒纵器，国际上曾对"水运仪象台"给予高度的评价，认为这"很可能是后来欧洲中世纪天文钟的直接祖先"。

第一座天文馆

北京天文馆是中国第一座天文馆，位于北京西直门外，1957年9月建立。该馆有直径23.5米象征天穹的天象厅，中间安装精致的国产大型天象仪，可模拟流星雨、日食以及月食等天象，能容600人观看。门厅正中有反映地球自转的傅科

摆，西侧展厅陈列天文知识展览，东侧演讲厅经常举行学术交流和普及天文知识的报告。

庭院中有两座天文台，其中一座装有口径13厘米的望远镜，观众可以通过它观看月亮、行星、星云、星团，观测太阳黑子。该馆还用此镜进行研究性记录，参加全国太阳黑子联合观测项目。另一座是色球望远镜天文台，应用色球望远镜观测并拍摄太阳色球层的变化。西侧还有天文广场，陈列室外观测仪器，供观众观测。

最早的印刷术

印刷术是中国古代四大发明之一。它开始于隋朝的雕版印刷，经宋仁宗时代的毕升发展、完善，产生了活字印刷，并由蒙古人传至欧洲，所以后人称毕昇为印刷术的始祖。

印刷术发明之前，文化的传播主要靠手抄的书籍。手抄费时、费事，又容易抄错、抄漏，既阻碍了文化的发展，又给文化的传播带来不

应有的损失。印章和石刻给印刷术提供了直接的经验性的启示，用纸在石碑上墨拓的方法，直接为雕版印刷指明了方向，是古代印刷术的重大突破。印刷术的特点是方便灵活，省时省力。

中国的印刷术经过雕版印刷和活字印刷两个阶段的发展，给文化的发展献上了一份厚礼，是人类近代文明的先导，为知识的广泛传播、交流创造了条件。

最古老的计算工具

zuì gǔ lǎo de jì suàngōng jù

wǒ guó chūn qiū shí qī chū xiàn de suàn chóu shì shì jiè shang zuì gǔ lǎo de
我国春秋时期出现的算筹是世界上最古老的

jì suàngōng jù jù hàn shū lǜ lì zhì jì zǎi suàn chóu shì yuán xíng
计算工具。据《汉书·律历志》记载：算筹是圆形

zhú gùn tā cháng lí mǐ héng qiē miàn zhí jìng shì lí mǐ
竹棍，它长23.86厘米、横切面直径是0.23厘米。

dào gōng yuán liù qī shì jì de suí cháo suàn chóu cháng dù suō duǎn yuán gùn gǎi
到公元六七世纪的隋朝，算筹长度缩短，圆棍改

chéng fāng de huò biǎn de gēn jù wén xiàn jì zǎi suàn chóu chú zhú chóu wài
成方的或扁的。根据文献记载，算筹除竹筹外，

hái yǒu mù chóu tiě chóu yù chóu hé yá chóu
还有木筹、铁筹、玉筹和牙筹。

jì suàn
计算

de shí hou bǎi
的时候摆

chéng zòng shì
成纵式

hé héng shì liǎng
和横式两

zhǒng shù zì
种数字，

àn zhào zòng héng
按照纵横

84

相间的原则表示任何自然数（其中1~5均分别以纵横方式排列相应数目的算筹来表示，6~9则以上面的算筹再加下面相应的算筹来表示。

表示多位数时，个位用纵式，十位用横式，百位用纵式，千位用横式，以此类推，遇零则置空），从而进行加、减、乘、除、开方以及其他的代数计算。负数出现后，算筹分红黑两种，红筹表示正数，黑筹表示负数。这种运算工具和运算方法，在当时世界上是独一无二的。

第一张人体X光照片

1895年，德国物理学家伦琴在研究克鲁克斯管的真空放电时，发现了性质不明的X射线。他激动得很，心情一直难以平静，一连几天，把自己关在沃兹堡大学的一间实验室里进行研究。伦琴的废寝忘食惹恼了他的夫人。

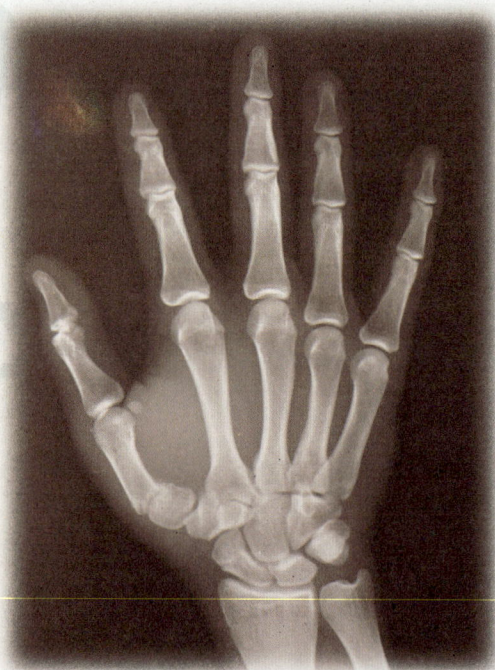

几天后，他把夫人带到自己的实验室，向她讲述了他的新发现，并把一张黑纸包好的照相底片放在她的手掌底下，然后暴

露在克鲁克斯管的射线的照射下，拍下了人类历史上第一张人体X光照片。这张珍贵的X光照片显现出了伦琴夫人的手掌骨结构，连那枚作为结婚纪念物的金戒指的轮廓也在照片上留下了清晰的影子。

最早的无线电广播

第一次成功的无线电广播，是1902年美国人内桑·史特波斐德在肯塔基州穆雷市所做的一次试验广播。史特波斐德只读过小学，他如饥似渴地自学电气方面的知识，后来成了发明家。

1886年，他从杂志上看到德国人赫兹关于电

波的谈话，从中得到启发，并试图应用到无线广播上。当时，电话的发明家贝尔也在思考这个问题，但他的着眼点在有线广播，而史特波斐德则着眼于无线广播。

经过不断研制，实验终于有了成果。史特波斐德在附近的村庄里放置了5台接收机，又在穆雷广场放上话筒。一切准备工作就绪了，史特波斐德却紧张得不知播送些什么才好，就把儿子巴纳特叫来，让他在话筒前说话，吹奏口琴。实验成功了，巴纳特·史特波斐德因此而成为世界上第一个无线广播播音员。